2in1

zum Nachschlagen

Rechtschreibung Grundschule

Schroedel

2in1 zum Nachschlagen

Rechtschreibung
Grundschule

Autorin:

Katja Vau ist Grundschullehrerin und arbeitet seit mehr als zehn Jahren als Autorin für Schulbücher und Lernhilfen.

Druck [1]/Jahr 2013

Redaktion: imprint, Zusmarshausen
Umschlag: Janssen Kahlert Design & Kommunikation, Hannover
Illustrationen: Thies Schwarz, Hannover
Satz: imprint, Zusmarshausen
Herstellung: Sandra Grünberg
Druck und Bindung: westermann druck GmbH, Braunschweig

ISBN 978-3-507-22296-0

Inhaltsverzeichnis

So arbeitest du mit 2in1 zum Nachschlagen

Die Überschrift sagt dir, worum es geht

- Regeln stehen auf gelbem Hintergrund.
- Die Merksätze hinter einem Aufzählungszeichen (▸) sind wichtig. Lies sie so oft, bis du sie wirklich verstanden hast.
- Wichtige Wörter sind **fett** gedruckt.

Zu den Merksätzen gehören Beispiele.
Sie stehen auf weißem Hintergrund.

Zusätzliche Informationen findest du auf diesen Zetteln!

1 Das Alphabet, Vokale – Konsonanten, besondere Laute, lange und kurze Vokale

Das Alphabet

- Das deutsche Alphabet besteht aus **26 Buchstaben**.
  Sie können groß- oder kleingeschrieben werden.

a	b	c	d	e	f	g	h	i	j	k	l	m	n	o	p	q	r	s	t	u	v	w	x	y	z
A	B	C	D	E	F	G	H	I	J	K	L	M	N	O	P	Q	R	S	T	U	V	W	X	Y	Z

Vokale – Konsonanten

- Das deutsche Alphabet hat fünf **Vokale** (Selbstlaute).
- Alle übrigen Buchstaben sind die **Konsonanten** (Mitlaute).

a, e, i, o, u   A, E, I, O, U

b, c, d, f, g, h, j, k, l, m, n, p, q, r, s, t, v, w, x, y, z
B, C, D, F, G, H, J, K, L, M, N, P, Q, R, S, T, V, W, X, Y, Z

Besondere Laute

- Besondere Laute sind die **Umlaute**. Sie gehören zu den Vokalen.
- Außerdem gibt es **Zwielaute** (Diphthonge).
- Manchmal werden Buchstaben zu **Einheiten** zusammengefasst.
- Ein besonderer Buchstabe ist das ß. Es kommt nie am Wortanfang vor.

ä, ö, ü   Ä, Ö, Ü

au, ai, ei, äu, eu   Au, Ai, Ei, Äu, Eu

sch, ch, qu, sp, st   Sch, Ch, Qu, Sp, St

ß

Lange und kurze Vokale

- Vokale können **lang und gedehnt ausgesprochen** werden.
  Silben mit einem langen Vokal nennt man „offene Silben".
- Vokale können auch **kurz ausgesprochen** werden.
  Silben mit einem kurzen Vokal nennt man „geschlossene Silben".
- In manchen Wortpaaren kann man lange und kurze Vokale besonders gut unterscheiden.

Hase	Wege	Tiger	loben	rufen
Ha-se	We-ge	Ti-ger	lo-ben	ru-fen
Tante	Hemden	finden	hopsen	unten
Tan-te	Hem-den	fin-den	hop-sen	un-ten

lange Vokale/ offene Silben	kurze Vokale/ geschlossene Silben
die **Hasen**	wir **hassen**
sie **beten**	die **Betten**
die **Schafe**	wir **schaffen**

2 Kurze Vokale: Wörter mit Doppelkonsonanten

Wörter mit Doppelkonsonanten

- Für Wörter mit zwei Silben gilt:
  Wenn man nach einem kurzen Vokal oder Umlaut nur einen Konsonanten hören kann, wird dieser **Konsonant verdoppelt**.

Zum Thema „Wörter mit Doppelkonsonanten" findest du auch Informationen auf Seite 6.

Diese Doppelkonsonanten sind häufig:

ll: a**ll**e, be**ll**en, fa**ll**en, die Ha**ll**e, so**ll**en, die Ste**ll**e, die Sti**ll**e
mm: bru**mm**en, der Hi**mm**el, ko**mm**en, sa**mm**eln, die Tro**mm**el
nn: bre**nn**en, i**nn**en, re**nn**en, die So**nn**e, der Tu**nn**el
ss: ha**ss**en, das Ki**ss**en, kü**ss**en, la**ss**en, me**ss**en, die Ta**ss**e
tt: bi**tt**en, die Bu**tt**er, die Ma**tt**e, die Mo**tt**e, das We**tt**er

Diese Doppelkonsonanten sind nicht so häufig:

ff: der A**ff**e, klä**ff**en, o**ff**en
pp: ho**pp**eln, die Tre**pp**e, za**pp**eln
rr: i**rr**en, mu**rr**en, die Na**rr**en

Diese Doppelkonsonanten sind selten:

bb: die E**bb**e, kra**bb**eln, die Ro**bb**e
dd: pu**dd**eln, pa**dd**eln, der Wi**dd**er
gg: der Ba**gg**er, die E**gg**e, die Fla**gg**e

- Für Wörter mit einer Silbe gilt:
  Wenn es **eine verlängerte Form** mit einem Doppelkonsonanten gibt, schreibt man auch das einsilbige Wort mit dem Doppelkonsonanten.

die Flüsse – der Fluss, die Männer – der Mann, die Schiffe – das Schiff
schneller – schnell, nasse – nass

- Manche einsilbigen Wörter lassen sich nicht verlängern.
  Sie werden daher nur mit einem Konsonanten geschrieben.

am, hin, im, um, zum

- In Verben mit einem kurzen Vokal in der Grundform bleibt der Doppelkonsonant auch in anderen Formen erhalten.

re**nn**en: er re**nn**t, er ra**nn**te, er ist gera**nn**t

- Aber: Manchmal verwandelt sich beim Verändern eines Verbs der kurze Vokal in einen langen Vokal.
  Dann verwandelt sich der Doppelkonsonant in einen einfachen Konsonanten.

ko**mm**en: er ko**mm**t, er ist geko**mm**en, aber: er ka**m**

3 Kurze Vokale: Wörter mit ck, mit tz, mit ss

Wörter mit ck

- Wenn ein **k** nach einem kurzen Vokal verdoppelt wird, dann schreibt man normalerweise **ck** und nicht **kk**. Ein **ck** steht nur nach kurzen Vokalen und niemals nach Konsonanten, langen Vokalen oder au, äu, ai, ei, eu und ie.

die Ba**ck**e, der Da**ck**el, die De**ck**e, di**ck**, der Fle**ck**, die Flo**ck**e, gu**ck**en, der Ho**ck**er, kle**ck**ern, kna**ck**en, le**ck**en, die Lü**ck**e, na**ck**t, pa**ck**en, der Ro**ck**, der Ru**ck**, der Schre**ck**, der Stri**ck**, tro**ck**en, der We**ck**er, zurü**ck**, zwi**ck**en

- Aber: Einige wenige Fremdwörter schreibt man mit **kk**.

das A**kk**ordeon, der A**kk**usativ, der Mo**kk**a, das Sa**kk**o, das Tre**kk**ing

- Aber: Manche Fremdwörter schreibt man nicht mit **ck**, obwohl vor dem **k** ein kurzer Vokal steht.

die A**k**te, das Di**k**tat, die Fa**k**ten, die Mathemati**k**, der O**k**tober, der Ta**k**t

Wörter mit tz

- Wenn ein **z** nach einem kurzen Vokal verdoppelt wird, dann schreibt man normalerweise **tz** und nicht **zz**. Ein **tz** steht nur nach kurzen Vokalen und niemals nach Konsonanten, langen Vokalen oder au, äu, ai, ei, eu und ie.

fli**tz**en, die Gla**tz**e, he**tz**en, je**tz**t, kri**tz**eln, das Lakri**tz**, le**tz**te, die Matra**tz**e, mo**tz**en, die Mü**tz**e, nü**tz**lich, plö**tz**lich, der Sa**tz**, schma**tz**en, schmu**tz**ig, der Spa**tz**, spi**tz**, stü**tz**en, tro**tz**dem

- Aber: Einige wenige Fremdwörter werden mit **zz** geschrieben.

die Pi**zz**a, das Pu**zz**le, die Ski**zz**e, die Ra**zz**ia

- Verben mit **tz** schreibt man in der Er-, Sie-, Es-Form mit **tz + t = tzt**.

sie fli**tzt**, es he**tzt**, es kra**tzt**, er mo**tzt**, er pe**tzt**, er pu**tzt**, sie si**tzt**

Wörter mit ss

- Wörter, in denen man nach einem kurzen Vokal einen s-Laut hört, schreibt man meistens mit **ss**.

anfa**ss**en, be**ss**er, bla**ss**, die Bu**ss**e, e**ss**en, das Fa**ss**, der Flu**ss**, fre**ss**en, ha**ss**en, die Ka**ss**e, das Ki**ss**en, die Kla**ss**e, kü**ss**en, la**ss**en, mü**ss**en, na**ss**, die Nu**ss**, pa**ss**en, der Rü**ss**el, der Schlü**ss**el

- Aber: Manchmal verwandelt sich beim Verändern eines solchen Wortes der kurze Vokal in einen langen Vokal. Dann verwandelt sich auch das **ss** in ein **ß**.

e**ss**en, er i**ss**t, er hat gege**ss**en, aber: er a**ß**
la**ss**en, er lä**ss**t, er hat gela**ss**en, aber: er lie**ß**

Diese Ausnahme musst du dir merken: der Bus, aber: die Busse.

- Manche Wörter mit einem einfachen **s** musst du dir merken.

aus, bis, der Bus, etwas, was

4 Lange Vokale: Wörter mit langem i, Wörter mit Doppelvokalen

Wörter mit langem i

- Die meisten Wörter, in denen man ein **langes und deutliches i** hört, werden mit **ie** geschrieben.

der D**ie**b, fl**ie**gen, g**ie**ßen, der H**ie**b, h**ie**r, das Kn**ie**, kr**ie**chen, kr**ie**gen, l**ie**b, das L**ie**d, sie l**ie**fen, n**ie**, r**ie**chen, der R**ie**se, das Scharn**ie**r, sch**ie**f, s**ie**, das S**ie**b, sp**ie**len, t**ie**f, das T**ie**r, verl**ie**ren, v**ie**l, v**ie**r, w**ie**, w**ie**der, das Z**ie**l

- Mit **ie** schreibt man auch alle Verben die auf „-ieren" enden. Es sind meistens Fremdwörter.

argument**ie**ren, dikt**ie**ren, interess**ie**ren, kontroll**ie**ren, respekt**ie**ren, pass**ie**ren, prob**ie**ren, protest**ie**ren, sort**ie**ren, spaz**ie**ren, telefon**ie**ren

- Manche Wörter musst du dir merken, weil sie nur mit **i** geschrieben werden.

der Biber, der Delfin, das Kaninchen, der Igel, das Krokodil, der Tiger, dir, mir, wir
Fremdwörter wie: die Apfelsine, die Gardine, die Mandarine, die Margarine, die Maschine, die Praline, die Rosine

- Manche Wörter werden mit **ih** geschrieben.

ihm, **ih**n, **ih**nen, **ih**r, **ih**re, **ih**rem, **ih**ren, **ih**res

- Nur ganz wenige Wörter werden mit **ieh** geschrieben.

das V**ieh**

Wörter mit Doppelvokalen

- Nur in wenigen Wörtern wird der lange Vokal mit einem Doppelvokal geschrieben.

aa: der **Aa**l, das **Aa**s, die H**aa**re, ein p**aa**r, das P**aa**r, der S**aa**l, die S**aa**t, der St**aa**t, die W**aa**ge
ee: die All**ee**, die Arm**ee**, die B**ee**re, das B**ee**t, die F**ee**, das H**ee**r, die Id**ee**, der Kaff**ee**, der Kl**ee**, die Mosch**ee**, der Schn**ee**, der S**ee**, die S**ee**, die S**ee**le, der Sp**ee**r, der T**ee**, der T**ee**r
oo: das B**oo**t, das M**oo**r, das M**oo**s, der Z**oo**

- **Aber:** Manchmal verwandelt sich in Wörtern mit Doppelvokalen **a** in **ä** oder **o** in **ö**. Dann schreibt man nur **ä** anstatt **ää** und **ö** anstatt **öö**.

das P**aa**r – das P**ä**rchen
das H**aa**r – das H**ä**rchen
das B**oo**t – das B**ö**tchen
der S**aa**l – das S**ä**lchen

5 Lange Vokale: Wörter mit Dehnungs-h, Wörter mit ß

Wörter mit Dehnungs-h

- In **manchen** Wörtern steht nach einem langen Vokal ein **Dehnungs-h**. Dieses **h** steht aber nur vor den Konsonanten **l**, **m**, **n** oder **r**.

l: fü**hl**en, die Hö**hl**e, die Ko**hl**e, kü**hl**, die So**hl**e, ste**hl**en, der Stu**hl**, die Wa**hl**, wo**hl**, wü**hl**en, die Za**hl**

m: i**hm**, la**hm**, ne**hm**en, der Ra**hm**en, der Ru**hm**, za**hm**

n: ä**hn**lich, die Ba**hn**, die Bo**hn**e, die Bü**hn**e, gä**hn**en, der Ha**hn**, das Hu**hn**, i**hn**, der Ka**hn**, lo**hn**en, ma**hn**en, o**hn**e, die Sa**hn**e, der So**hn**, stö**hn**en, der Wa**hn**, wo**hn**en, der Za**hn**, ze**hn**

r: bo**hr**en, e**hr**lich, fa**hr**en, fü**hr**en, i**hr**, der Le**hr**er, me**hr**, das O**hr**, das Ro**hr**, rü**hr**en, se**hr**, die U**hr**, sich we**hr**en

- Aber: In Wörtern, die mit einem **qu/Qu**, einem **sch/Sch** oder einem **t/T** beginnen, steht **niemals ein Dehnungs-h**.

qu/Qu: bequem, quälen, quer, die Quere

sch/Sch: der Schal, schämen, die Schar, die Schere, schon, schön, sich schonen, die Schule, der Schwan, schwelen, schwer, schwören, schwül, der Schwur

t/T: das Tal, der Ton, das Tor, die Träne, tun, die Tür

- Diese Wörter schreibt man **ohne Dehnungs-h**, obwohl ein langer Vokal vor den Konsonanten **l**, **m**, **n** oder **r** steht.

die Blume, die Dame, dämlich, die Düne, für, holen, hören, der Juni, der Juli, der König, der Kran, er kam, klar, der Name, nämlich, der Samen, sparen, stören, stur, vor

Wörter mit ß

- Das **ß** kann nur auf lange Vokale, auf Zwielaute (Diphthonge) und auf ie folgen.

beiß**en**, bl**oß**, der Fl**eiß**, das Fl**oß**, der F**uß**, **gießen**, gr**oß**, der Gr**uß**, der Kl**oß**, das M**aß**, **reißen**, der R**uß**, sch**ießen**, schm**eißen**, der Sch**oß**, der Sp**aß**, s**üß**, der St**oß**, die Str**aß**e, der Str**auß**, w**eiß**

- Aber: Manchmal verwandelt sich beim Verändern eines solchen Wortes der lange Vokal in einen kurzen Vokal. Dann verwandelt sich auch das **ß** in **ss**.

beißen, er beißt, aber: er biss, er hat gebissen
schießen, er schießt, aber: er schoss, er hat geschossen

Zu diesem Thema findest du auch Informationen auf Seite 6.

- In manchen Wörtern hören sich **ß** und **s** am Wortende gleich an. Wenn man die Wörter verlängert, kann man **ß** oder **s** hören.

der Fu**ß** – die Fü**ß**e, im Gegensatz zu: das Gla**s** – die Glä**s**er

6 Wortbildung: Das Stammprinzip in Wortfamilien

Das Stammprinzip in Wortfamilien

- Wörter einer **Wortfamilie** haben denselben **Wortstamm**. Wenn man den Wortstamm richtig schreiben kann, kann man meistens auch alle anderen Wörter der Wortfamilie richtig schreiben.

Wortstamm FEHL:
fehlen, ich **fehl**e, ich habe ge**fehl**t, der **Fehl**er, **fehl**erlos

Wortstamm MECKER:
meckern, er **mecker**te, er hat ge**mecker**t, die **Mecker**ei

Wortstamm SCHMUTZ:
der **Schmutz**, **schmutz**ig, ver**schmutz**en, er ver**schmutz**te

- Der Wortstamm kann sich manchmal ein wenig verändern. Besonderheiten bleiben dabei sehr oft erhalten.

Hier bleibt das **d** am Ende des Wortstamms erhalten:
Wortstamm FIND: **find**en, ich **fand**, ich habe ge**fund**en, das **Fund**büro

Hier bleibt das **Dehnungs-h** erhalten:
Wortstamm FAHR: **fahr**en, das **Fahr**zeug, ich **fuhr**, die Ge**fahr**, ge**fähr**lich

Hier bleibt der **Doppelkonsonant** erhalten:
Wortstamm KENN: **kenn**en, ich **kann**te, ich habe ge**kann**t, die **Kenn**tnis

Ausnahmen

- Manche Wortstämme enthalten einen kurzen Vokal und einen Doppelkonsonanten. Dann kommt dieser Doppelkonsonant in vielen abgeleiteten Wortformen vor.

essen, das **Ess**en, er **iss**t, der **Ess**löffel, er hat geg**ess**en

- Manchmal verwandelt sich der kurze Vokal bei einem Wort der Wortfamilie jedoch in einen langen Vokal, ei oder ie. Dann verändert sich auch der Doppelkonsonant.

essen, aber: er aß
fallen, aber: er fiel
bitten, aber: er bat
treffen, aber: er traf
wissen, aber: ich weiß
kommen, aber: er kam

- Manchmal enthält ein Wortstamm keinen kurzen Vokal und auch keinen Doppelkonsonanten, aber ein anderes Wort der Wortfamilie schon.

pfeifen, ich **pfeif**e, die **Pfeif**e, er **pfeif**t,
aber: ich pf**iff**, ich habe gepf**iff**en

nehmen, aber: er nimmt
gießen, aber: es goss
schließen, aber: geschlossen
streiten, aber: ich stritt
fließen, aber: es floss
beißen, aber: er biss

7 Wortbildung: Vorsilben, Zusammentreffen gleicher Buchstaben

Vorsilben

- Vor viele Wörter kann man **Vorsilben** setzen. Die Bedeutung der Wörter verändert sich dann, die Schreibweise jedoch nicht.

ab + geben – abgeben
auf + geben – aufgeben
be + halten – behalten
durch + suchen – durchsuchen
weg + rennen – wegrennen

an + kommen – ankommen
aus + malen – ausmalen
bei + bringen – beibringen
unter + nehmen – unternehmen
zer + brechen – zerbrechen

- Achtung: Bei Wörtern mit diesen Vorsilben passieren oft Fehler:
  - **ent-**: Diese Vorsilbe wird oft mit dem Wortstamm END verwechselt. Wörter wie endgültig, endlich, endlos, die Endstation sind verwandt mit dem Wort „Ende".
  - **wider-**: Diese Vorsilbe wird oft mit der Vorsilbe „wieder" verwechselt. Meistens hat „wieder" die Bedeutung von „ein weiteres Mal", „noch einmal", „erneut".
  - **ver-/vor-**: Diese Vorsilben werden immer mit **v** geschrieben.

ent + führen – entführen
entdecken, entlaufen, die Entscheidung, entschuldigen, entwickeln

wider + sprechen – widersprechen
widerspiegeln, der Widerstand, der Widerwille, die Widerworte

ver + laufen – verlaufen
verlaufen, vermieten, versuchen

vor + lesen – vorlesen
der Vormittag, die Vorsilbe, vorspielen

Zusammentreffen gleicher Buchstaben

- In zusammengesetzten Wörtern treffen manchmal **zwei gleiche Buchstaben** aufeinander. Beide Buchstaben müssen dann auch geschrieben werden.

das Laub + der Baum – der Lau**bb**aum
fahren + das Rad – das Fah**rr**ad
wandern + die Ratte – die Wande**rr**atte
aus + suchen – au**ss**uchen
weg + gehen – we**gg**ehen
viel + leicht – vie**ll**eicht

- Bei einigen Wörtern treffen sogar **drei gleiche Buchstaben** aufeinander. Alle drei Buchstaben müssen dann auch geschrieben werden.

das Ballett + die Tänzerin – die Balle**ttt**änzerin
das Schiff + die Fahrt – die Schi**fff**ahrt

8 Wortbildung: Endungen von Adjektiven und von Nomen

Endungen von Adjektiven

- Wenn man ein **Adjektiv verlängert**, kann man unterscheiden, ob es mit der Endung **-ig**, **-lich** oder **-isch** gebildet wird.

der Schmutz + -ig – schmutz**ig** → schmutzige
das Eis + -ig – eis**ig** → eisige
die Sonne + -ig – sonn**ig** → sonnige

der Freund + -lich – freund**lich** → freundliche
die Gefahr + -lich – gefähr**lich** → gefährliche
das Glück + -lich – glück**lich** → glückliche

der Erfinder + -isch – erfinder**isch** → erfinderische
der Angeber + -isch – angeber**isch** → angeberische
der Betrüger + -isch – betrüger**isch** → betrügerische

Endungen von Nomen

- Manche Verben lassen sich mit der **Endung -er** in Nomen verwandeln.

spielen – der Spiel**er**
fahren – der Fahr**er**
lehren – der Lehr**er**
erfinden – der Erfind**er**

- Aus Adjektiven und Verben kann man mit verschiedenen Endungen Nomen bilden:
  - **-heit**: frei + -heit – Freiheit,
  - **-keit**: freundlich + -keit – Freundlichkeit,
  - **-ung**: wohnen + -ung – Wohnung,
  - **-nis**: erleben + -nis – Erlebnis.

die Feig**heit**, die Krank**heit**, die Schön**heit**, die Zufrieden**heit**
die Aufmerksam**keit**, die Gemütlich**keit**, die Schläfrig**keit**, die Traurig**keit**
die Aufführ**ung**, die Entschuldig**ung**, die Hoffn**ung**, die Verabred**ung**
das Ergeb**nis**, die Erlaub**nis**, das Gefäng**nis**, das Zeug**nis**

- Mit den Endungen **-chen** und **-lein** wird die **Verkleinerungsform** von Nomen gebildet.

das Kleid – das Kleid**chen**, das Herz – das Herz**chen**,
das Pferd – das Pferd**lein**, der Tisch – das Tisch**lein**

- Manche Nomen verändern sich in der Verkleinerungsform ein bisschen.

der Platz – das Plätz**chen**, der Stuhl – das Stühl**chen**,
die Tüte – das Tüt**lein** , das Haus – das Häus**lein**

- Mit der Endung **-in** kann man die **weibliche Form** von Nomen bilden. Die Mehrzahlform schreibt man immer mit **nn**: **-innen.**

der Reiter – die Reiter**in** – die Reiter**innen**,
der Läufer – die Läufer**in** – die Läufer**innen**

9 Ableitungen: b, d, g, s am Wortende und in der Wortmitte

b, d, g, s am Wortende

- Am Ende eines Wortes klingt
  b wie **p**,
  d wie **t**,
  g wie **k**,
  s wie **ß**.

Wenn man die Wörter **verlängert**, kann man **b**, **d**, **g** oder **s** hören.

der Die**b** – die Die**b**e, gel**b** – gel**b**e, gro**b** – gro**b**e, hal**b** – der Kor**b** – die Kör**b**e, lie**b** – lie**b**e, das Sie**b** – die Sie**b**e

das Ba**d** – ba**d**en, blon**d** - blon**d**e, das Fel**d**, die Fel**d**er, der Freun**d** – die Freun**d**e, die Han**d** – die Hän**d**e,

die Bur**g** – die Bur**g**en, klu**g** – klu**g**e, der Ta**g** – die Ta**g**e, der Zwei**g** – die Zwei**g**e, der Zwer**g** – die Zwer**g**e

das Ei**s** – ei**s**ig, das Gla**s** – die Glä**s**er, das Hau**s** – die Häu**s**er, das Lo**s** – lo**s**en, die Mau**s** – die Mäu**s**e, un**s** – un**s**ere

b, g, s in der Wortmitte von Verben

- In manchen Verbformen klingt **b** wie **p**,
  g wie **k** und
  s wie **ß**.
  Wenn man die **Grundform** des Verbs bildet, kann man **b**, **g** oder **s** hören.

sie glau**b**t – glau**b**en, sie lie**b**t – lie**b**en, er schrei**b**t – schrei**b**en

er brin**g**t – brin**g**en, sie fän**g**t – fan**g**en, er lü**g**t – lü**g**en

er lie**s**t – le**s**en, sie lo**s**t – lo**s**en, er nie**s**t – nie**s**en, sie ra**s**t – ra**s**en

b, d, g, s in der Mitte zusammengesetzter Wörter

- Auch in der Mitte mancher zusammengesetzter Wörter klingt **b** wie **p**, **d** wie **t**, **g** wie **k** und **s** wie **ß**.
  Wenn man den **ersten Teil** des Wortes **verlängert**, kann man **b**, **d**, **g** oder **s** hören.

die Schrei**b**maschine → schrei**b**en
die San**d**kiste → san**d**ig
der Schla**g**ball → schla**g**en
die Ei**s**tüte → ei**s**ig

10 Ableitungen: Wörter mit ä und äu

Wörter mit ä

- Die meisten Wörter, die mit **ä** geschrieben werden, lassen sich von verwandten Wörtern mit **a** ableiten.

der Stängel

die Stange

- Mehrzahlformen der Nomen lassen sich von der Einzahlform ableiten.
  die H**ä**nde → die Hand, die W**ä**lder → der Wald, die L**ä**nder → das Land
- Nomen in der Verkleinerungsform lassen sich vom Grundwort ableiten.
  das L**ä**mmchen → das Lamm, das M**ä**nnlein → der Mann
- Viele Verbformen lassen sich von der Grundform ableiten.
  er f**ä**ngt → fangen, er h**ä**lt → halten, es w**ä**re → es war
- Viele Adjektivformen lassen sich von der Grundstufe ableiten.
  w**ä**rmer → warm, **ä**lter → alt, k**ä**lter → kalt
- Manchmal hilft ein anderes Wort aus der Wortfamilie.
  die K**ä**lte → kalt, der St**ä**ngel → die Stange, das R**ä**tsel → raten

Wörter mit äu

- Die meisten Wörter, die mit **äu** geschrieben werden, lassen sich von verwandten Wörtern mit **au** ableiten.

- Mehrzahlformen der Nomen lassen sich von der Einzahlform ableiten.
  die M**äu**se → die Maus, die Z**äu**ne → der Zaun
- Nomen in der Verkleinerungsform lassen sich vom Grundwort ableiten.
  das H**äu**schen → das Haus, das M**äu**slein → die Maus
- Viele Verbformen lassen sich von der Grundform ableiten.
  er l**äu**ft → laufen, es s**äu**ft → saufen
- Manchmal hilft ein anderes Wort aus der Wortfamilie.
  sch**äu**men → der Schaum, s**äu**bern → sauber, gr**äu**lich → grau

Besondere Wörter mit ä oder äu

- Bei einigen Wörtern ist es schwierig, eine verwandte Form mit **a** oder **au** zu finden. Diese Wörter musst du dir merken.

ä: sich ärgern, der Bär, dämlich, dämmern, hässlich, der Käfer, der Käfig, der Lärm, das Mädchen, das Märchen, der März, nämlich, Säge, träge

äu: das Knäuel, sich räuspern, die Säule, sich sträuben

Das Wort „Mädchen" kommt von „Mägdchen", also von „kleine Magd".

Ausnahmen

- Manche Wörter schreibt man mit **e**, obwohl es eine verwandte Form mit **a** gibt. Diese Wörter musst du dir merken.

messen, aber: das Maß
essen, aber: er aß
fressen, aber: er fraß
lesen, aber: er las

die Eltern, aber: alt

11 Ableitungen: Wörter mit silbentrennendem h

Verben mit silbentrennendem h

- Manchmal treffen in Verben mit zwei Silben zwei Vokale oder ein Umlaut und ein Vokal zusammen. Dann setzt man meistens ein **h** dazwischen. Man nennt es **silbentrennendes h**.

sich dr**e**h**e**n, fl**e**h**e**n, g**e**h**e**n, s**e**h**e**n, st**e**h**e**n, w**e**h**e**n, fl**ie**h**e**n, z**ie**h**e**n, w**ie**h**e**rn, dr**o**h**e**n, m**u**h**e**n, r**u**h**e**n, n**ä**h**e**n, m**ä**h**e**n, kr**ä**h**e**n, sp**ä**h**e**n, bl**ü**h**e**n, br**ü**h**e**n, gl**ü**h**e**n, spr**ü**h**e**n

- Dieses **h** bleibt in anderen Verbfomen erhalten.

er dre**h**t sich, er flie**h**t, es dro**h**t, sie mu**h**t, er krä**h**t, es blü**h**t

- Es gibt einige Verben, in denen man ein **h** zwischen den Zwielaut ei und den folgenden Vokal setzt.

w**ei**h**e**n, l**ei**h**e**n, verz**ei**h**e**n,
er w**ei**h**t**, er l**ei**h**t**, er verz**ei**h**t**

Andere Wörter mit silbentrennendem h

- Auch in Nomen, Adjektiven und anderen Wörtern mit zwei Silben treffen manchmal zwei Vokale oder ein Umlaut und ein Vokal zusammen. Dann setzt man meistens ein **h** dazwischen.

die **E**h**e**, **e**h**e**r, die R**e**h**e**, die Z**e**h**e**, fr**o**h**e**, r**o**h**e**, die R**u**h**e**, die Sch**u**h**e**, die Tr**u**h**e**, f**ä**h**i**g, die Kr**ä**h**e**, die N**ä**h**e**, z**ä**h**e**, die Fl**ö**h**e**, die H**ö**h**e**, fr**ü**h**e**r, die K**ü**h**e**, die M**ü**h**e**

- Dieses **h** bleibt in kürzeren Wortformen erhalten.

das Re**h**, fro**h**, ro**h**, na**h**, zä**h**,
der Flo**h**, frü**h**, die Ku**h**

- Es gibt einige Wörter, in denen man ein **h** zwischen den Zwielaut ei und den folgenden Vokal setzt.

die R**ei**h**e**, der R**ei**h**e**r, der S**ei**h**e**r, der W**ei**h**e**r

Ausnahmen

- Nach den Zwielauten au und eu steht **nie ein silbentrennendes h**.

der B**aue**r, bl**aue**, die Fr**aue**n, gr**aue**, h**aue**n, r**aue**, sch**aue**n, Tr**aue**r, das F**eue**r, fr**eue**n, n**eue**, die R**eue**, sch**eue**, t**eue**r, die Tr**eue**

- In manchen Wörtern steht zwischen dem Zwielaut ei und dem Vokal **kein silbentrennendes h.**

die **Eie**r, f**eie**rn, fr**eie**, der G**eie**r, schn**eie**n, schr**eie**n, sp**eie**n

12 Die s-Schreibung im Überblick

Verschiedene Formen des s-Lautes

- Wörter, in denen man nach einem kurzen Vokal einen s-Laut hört, schreibt man meistens mit **ss**.
- Das **ß** folgt nur auf einen langen Vokal, auf Zwielaute und auf ie.
- Um **ß** am Wortende von **s** zu unterscheiden, musst du die Wörter verlängern.

e**ss**en, der Flu**ss**, die Kla**ss**e

der Fu**ß**, bei**ß**en, gie**ß**en

der Fu**ß** – die Fü**ß**e
das Gra**s** – die Grä**s**er

Merkwörter mit s

- Bei diesen Wörtern klingt das **s** so ähnlich wie ein **ß**. Diese Wörter kann man aber nicht durch Verlängern ableiten. Du musst sie dir merken.

aus, besonders, am besten, bis, der Bus, etwas, fast, gestern, meistens, mindestens, nichts, niemals, rechts, selbst, sonst, was, wenigstens

Das Fugen-s

- Manchmal steht in der Mitte zusammengesetzter Nomen ein **s**. Man nennt es auch **Fugen-s**.

Das **Fugen-s** klingt wie ein **z**.

die Geburt + der Tag – der Geburt**s**tag
der Liebling + das Buch – das Liebling**s**buch
der Verkehr + das Schild – das Verkehr**s**schild
der Abschied + die Feier – die Abschied**s**feier

Wörter mit chs

- **chs** und **x** klingen gleich: Wachs – Max.
- Ob ein Wort mit **chs** oder mit **x** geschrieben wird, musst du dir merken.

Wörter mit x findest du auf Seite 14.

die Achse, die Achsel, die Büchse, der Dachs, die Echse, der Fuchs, der Lachs, der Luchs, der Ochse, sechs, das Wachs, wachsen, wechseln

Diese Namen schreibt man mit **chs**:
Niedersachsen, Sachsen, Sachsen-Anhalt

Wörter mit cks und ks

- **cks**, **ks** und **x** klingen gleich: knicksen – mixen.
- Wörter mit **cks** und **ks** musst du dir merken.

cks: der Kle**cks**, der Kni**cks**, schnurstra**cks**, zwe**cks**
ks: der Ke**ks**, lin**ks**, schla**ks**ig

13 Besondere Buchstaben: v/V und pf/Pf

Wörter mit den Vorsilben ver-/Ver- oder vor-/Vor-

- Der Laut (f) wird normalerweise mit **f/F** geschrieben. Die Vorsilben **ver-/Ver-** und **vor-/Vor-** schreibt man jedoch mit **v/V** und nicht mit **f/F**.

In dem Wort „fertig“ kommt die Vorsilbe „ver“ nicht vor. Deshalb schreibt man es mit **f**.

ver + beugen – **ver**beugen   **Ver** + der Schluss – der **Ver**schluss
die Verantwortung, das Verbot, verbrennen, verderben, verfahren, vergeben, vergessen, verirren, verkleiden, verlaufen, verlieren, verrechnen, verrückt, verstehen, versuchen, der Versuch

vor + lesen – **vor**lesen   **Vor** + der Mittag – der **Vor**mittag
vorbei, die Vorfahrt, der Vorgarten, vorher, vorläufig, vorletzte, vorsagen, vorschlagen, vorschwärmen, die Vorsicht, vorsingen, vorsorgen, der Vorsprung, vorstellen, der Vortrag, das Vorurteil, vorwärts

Andere Wörter mit v/V

- Der Laut (f) wird normalerweise mit **f/F** geschrieben. Wörter mit **v/V** musst du dir merken.

Bei manchen Wörtern wird das **v** in einer Wortform wie ein **f** und in einer anderen Wortform wie ein **w** gesprochen: bra**v** – bra**v**e, Detekti**v** – Detekti**v**e.

- In manchen Wörtern wird das **v/V** wie ein (f) ausgesprochen.

der **V**ater, das **V**eilchen, der **V**ers, der **V**etter, das **V**ieh, **v**iel, **v**ielleicht, **v**ier, der **V**ogel, das **V**olk, **v**oll, **v**on, **v**or, bra**v**, der Detekti**v**, der Fre**v**el, relati**v**

- In manchen Wörtern wird das **v/V** wie ein (w) ausgesprochen.

der **V**ampir, die **V**anille, die **V**ase, die **V**ene, die **V**ersion, die **V**illa, das **V**irus, der **V**ulkan, die Alternati**v**e, bra**v**e, die Detekti**v**e, das Kla**v**ier, ner**v**ös, der No**v**ember, pri**v**at, der Pullo**v**er, die Ser**v**iette, die Uni**v**ersität

Wörter mit pf/Pf

- Wörter mit **pf/Pf** werden nicht immer deutlich genug ausgesprochen. Deshalb musst du dir die Schreibweise merken.

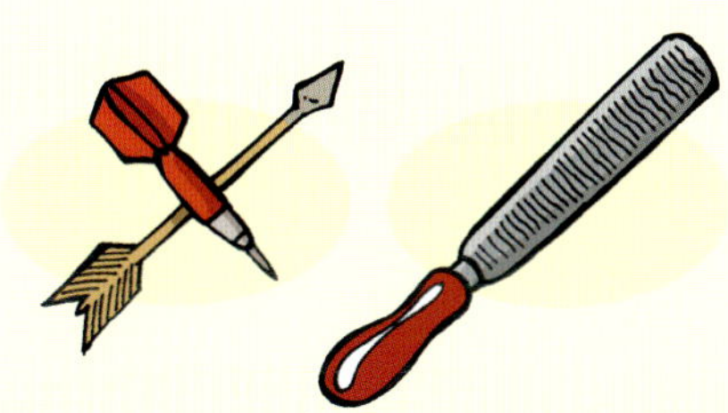
Pfeile – Feile

Pflug – Flug

der Pfahl, das Pfand, die Pfanne, der Pfarrer, der Pfau, der Pfeffer, die Pfefferminze, pfeifen, der Pfeil, der Pfeiler, der Pfennig, das Pferd, Pfingsten, der Pfirsich, pflanzen, das Pflaster, die Pflaume, pflegen, die Pflicht, pflücken, die Pfote, das Pfund, die Pfütze

empfangen: der Empfänger, der Empfang, sie empfängt
empfehlen: die Empfehlung, du empfiehlst, sie empfahl
empfinden: die Empfindung, du empfindest, empfindlich

dampfen, kämpfen, schimpfen, stampfen, der Strumpf

14 Besondere Buchstaben: qu/Qu, x, ai, eu/Eu

Wörter mit qu/Qu

- In einem qu hört man einen **k-Laut** und einen **w-Laut**. Man schreibt aber nur **qu** oder **Qu**.

der Quader, das Quadrat, quaken, die Qual, quälen, die Qualität, die Qualle, der Qualm, qualmen, der Quark, das Quartal, das Quartett, das Quartier, quasi, quasseln, der Quatsch, quatschen, das Quecksilber, die Quelle, quer, quetschen, quengeln, quieken, quietschen, die Quittung, das Quiz, die Quote

be**qu**em, die Kaul**qu**appe

Wörter mit x

- **x** und **chs** klingen gleich: Max – Wachs.
- Ob ein Wort mit **x** oder mit **chs** geschrieben wird, musst du dir merken.

Weitere Informationen zum **chs-Laut** findest du auf Seite 12.

die Axt, die Box, boxen, das Examen, extra, das Fax, fix, die Faxen, die Hexe, das Lexikon, mixen, die Nixe, die Praxis, die Sexualität, das Taxi

In Deutschland gibt es nur eine Stadt, deren Name mit X beginnt: **Xanten**.

Diese Namen schreibt man mit **x**: A**x**el, Feli**x**, Ma**x**, **X**aver

Wörter mit ai

- Die meisten Wörter, in denen man ei hört, werden mit **ei** geschrieben. Es gibt nur wenige Wörter mit **ai**. Du musst sie dir merken.

die Seite

die Saite

der Hai, der Kaiser, der Laib, der Laich, der Mai, der Mais, die Saite

der Laib

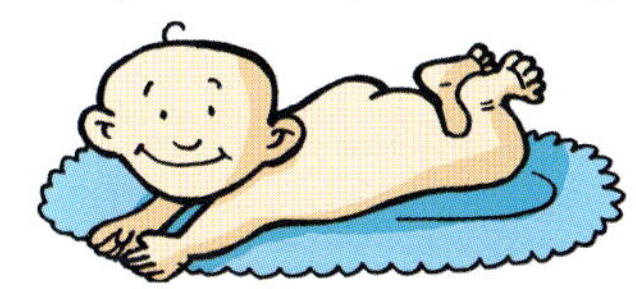
der Leib (Körper)

Wörter mit eu/Eu

- Wörter mit **eu/Eu** musst du dir merken.

die Beule, deutlich, deutsch, Deutschland, euch/euer/eure, die Eule, Europa, feucht, das Feuer, heucheln, heulen, heute, keuchen, die Keule, leuchten, die Leute, neu, neun, die Reue, scheu, das Steuer, streuen, teuer

- Das **eu/Eu** bleibt in derselben Wortfamilie jedoch erhalten.

Wortstamm FREU: **freu**en, **freu**ndlich, der **Freu**nd, die **Freu**ndin, er**freu**lich

15 Gleichklingende Wörter (1)

Paar – paar

- Wenn **zwei Dinge oder Personen zusammengehören**, dann ist das „ein Paar“.
- Wenn **mehrere Dinge oder Personen** gemeint sind, also zum Beispiel 3 oder 5, dann benutzt man „ein paar“.

ein neues **Paar** Schuhe
ein Paar Ohrringe
ein paar Kekse
ein paar Kinder
ein paar Tage

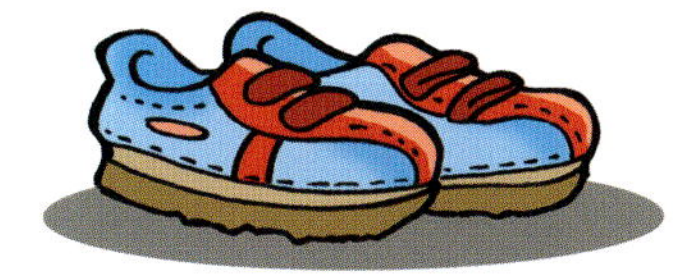

ein Paar Schuhe

ein paar Kekse

ist – isst

- Wenn das Wort etwas damit zu tun hat, **wie etwas ist**, oder was jemand getan hat, dann benutzt man die Verbform „ist“.
- Wenn das Wort etwas mit **essen** zu tun hat, benutzt man die Verbform „isst“.

Das **ist** schön.
Der Hund **ist** schnell **gelaufen**.
Sie **isst** einen Apfel.

war – wahr

- Wenn das Wort etwas damit zu tun hat, **wie etwas Vergangenes war**, dann benutzt man die Verbform „war“.
- Wenn das Wort etwas mit der **Wahrheit** zu tun hat, benutzt man das Adjektiv „wahr“.

Ich **war** im Kino.
Das **war** schön.
Das ist nicht **wahr**!
Das kann doch wohl nicht **wahr** sein!

fiel – viel

- Wenn das Wort im Sinne von **fallen** gebraucht wird, benutzt man die Verbform „fiel“.
- Wenn es etwas mit der **Menge einer Sache** zu tun hat, benutzt man das Adjektiv „viel“.

Die Nuss **fiel** auf den Boden.
Ich habe wirklich nicht **viel**.
Das ist nicht **viel**!

seid – seit

- Wenn das Wort etwas damit zu tun hat, **wie Menschen sind** oder was sie getan haben, benutzt man die Verbform „ihr seid“.
- Wenn das Wort etwas mit einer **Zeitangabe** zu tun hat, dann benutzt man „seit“.

Ihr seid nett.
Ihr seid lange **geschwommen**.
seit gestern, **seit** meiner Geburt,
seit dem Sommer

16 Gleichklingende Wörter (2)

fasst – fast

- Wenn das Wort im Sinne von **fassen** gebraucht wird, dann benutzt man die Verbform „fasst".
- Wenn das Wort im Sinne von **beinahe** gebraucht wird, schreibt man „fast".

Er **fasst** den Hund an.
Sie **fasst** die Leine nach.

Ich bin **fast** fertig.
Fast hätte ich es geschafft.

hast – hasst

- Wenn das Wort etwas mit dem Verb **haben** zu tun hat, benutzt man die Verbform „du hast".
- Wenn das Wort etwas mit dem Verb **hassen** (= nicht mögen) zu tun hat, benutzt man die Verbform „du hasst".

Du hast wohl keine Lust mehr?
Hast du das gehört?

Ich glaube, **du hasst** es,
dein Zimmer aufzuräumen.

biss – bis

- Wenn das Wort im Sinne von **beißen** benutzt wird, benutzt man die Verbform „biss".
- Wenn es um einen **bestimmten Zeitpunkt** oder einen **bestimmten Ort** geht, benutzt man das Wort „bis".

Er **biss** in sein Butterbrot.

Ich schreibe, **bis** es am Ende der Stunde klingelt.
Ich laufe **bis** zur Schule ohne anzuhalten.

Mann – man

- Das Wort „Mann" wird gebraucht im Sinne von **„ein ganz bestimmter Mann"**.
- Das Wort „man" wird gebraucht, wenn etwas für **alle** gilt. Dann sind Frauen und Männer gemeint.

Der **Mann** dort vorn ist aber groß.
Mein Vater ist ein **Mann**.

Jeder weiß, dass **man** andere nicht bestehlen soll.
Hier kann **man** spielen.

Meer – mehr

- Wenn der **Ozean** gemeint ist, benutzt man das Wort „Meer".
- Wenn das Wort etwas mit der **Menge einer Sache** zu tun hat, dann benutzt man das Wort „mehr".

Wir fahren im Urlaub ans **Meer**.

Hast du noch **mehr** davon?
Ich habe keine Lust **mehr**.

17 Groß- und Kleinschreibung: Überschriften und Satzanfänge, Namen und Nomen

Überschriften und Satzanfänge

- In Überschriften wird das erste Wort großgeschrieben.
- Satzanfänge werden großgeschrieben.
- In der wörtlichen Rede wird das erste Wort großgeschrieben.

Die Reise ins Abenteuerland

Ich gehe ins Schwimmbad.
Kannst du weit tauchen?
Gib mir doch einmal den Tauchring!

Peter fragt: „**Kommst** du mit?"
„**Kommst** du mit?", fragt Pia.

Namen

- Namen von Personen, Ländern, Städten, Flüssen oder Orten schreibt man groß.

Personen: Anna, Marlene, Frau Müller, Anton, Thomas, Herr Meier
Länder: Deutschland, Frankreich, Italien, Kanada, Polen, Spanien
Städte: Berlin, Brüssel, Hamburg, Moskau, München, New York
Flüsse: Amazonas, Donau, Elbe, Nil, Rhein, Mississippi, Oder
Orte: Alpen, Bayerischer Wald, Mittelmeer, Nordsee, Pazifischer Ozean

Nomen (Substantive)

- Viele Nomen sind Bezeichnungen für:
  - Personen,
  - Tiere,
  - Pflanzen.
  - Gegenstände, die man sehen, auf die man zeigen oder die man anfassen kann.
- Nomen werden großgeschrieben.

Personen: Kind, Lehrer, Mutter, Opa, Pilot, Schwester, Verkäuferin
Tiere: Dackel, Elefant, Libelle, Nashorn, Schmetterling, Walross
Pflanzen: Birke, Gänseblümchen, Löwenzahn, Petersilie, Rose
Gegenstände: Bett, Buch, Computer, Haus, Sofa, Stift, Teller

der Opa

der Dackel

das Gänseblümchen

das Bett

18 Groß- und Kleinschreibung: Weitere Nomen

Besondere Nomen

- Manche Nomen sind Bezeichnungen für etwas, **das man nicht anfassen kann**.

das Alter, das Beispiel, das Fest, der Friede, der Gedanke, das Gefühl, das Gegenteil, die Hilfe, die Idee, die Kraft, die Länge, die Laune, das Leben, das Lob, der Nachteil, das Problem, die Ruhe, die Reise, der Streit, der Unterschied, der Vergleich, der Verstand, das Vertrauen, der Vorteil

- Einige Nomen sind **Bezeichnungen für Gefühle**.

die Angst, der Ärger, der Durst, die Eifersucht, der Ekel, die Freude, die Geduld, der Geiz, das Glück, der Hass, der Hunger, der Neid, die Neugier, die Scham, der Stolz, die Trauer, der Trotz, die Wut

- Einige Nomen sind **Zeitbegriffe.**

der Frühling, der Sommer, der Herbst, der Winter,
der Vormittag, der Mittag, der Nachmittag, der Abend, die Nacht,
der Moment, die Sekunde, die Minute, die Stunde,
der Tag, die Woche, der Monat, das Jahr
der Geburtstag, Ostern, Weihnachten

Nomen mit den Endungen -heit, -keit, -ung und -nis

- Aus Adjektiven und Verben kann man mit verschiedenen Endungen Nomen bilden:
  - **-heit**: frei + -heit – Freiheit,
  - **-keit**: freundlich + -keit – Freundlichkeit,
  - **-ung**: wohnen + -ung – die Wohnung,
  - **-nis**: erleben + -nis – das Erlebnis.

Zum Thema „Nomen mit den Endungen -heit, -keit, -ung und -nis" findest du auch Informationen auf Seite 8.

die Feig**heit**, die Krank**heit**, die Schön**heit**, die Zufrieden**heit**
die Aufmerksam**keit**, die Gemütlich**keit**, die Schläfrig**keit**
die Aufführ**ung**, die Entschuldig**ung**, die Hoffn**ung**, die Verabred**ung**
das Ergeb**nis**, die Erlaub**nis**, das Gefäng**nis**, das Zeug**nis**

Zusammengesetzte Nomen

- **Zusammengesetzte Nomen** können aus Wörtern verschiedener Wortarten gebildet werden:
  - Nomen + Nomen,
  - Adjektiv + Nomen,
  - Verb + Nomen.

die Hand + der Schuh – der **Handschuh**
voll + der Mond – der **Vollmond**
hängen + die Matte – die **Hängematte**

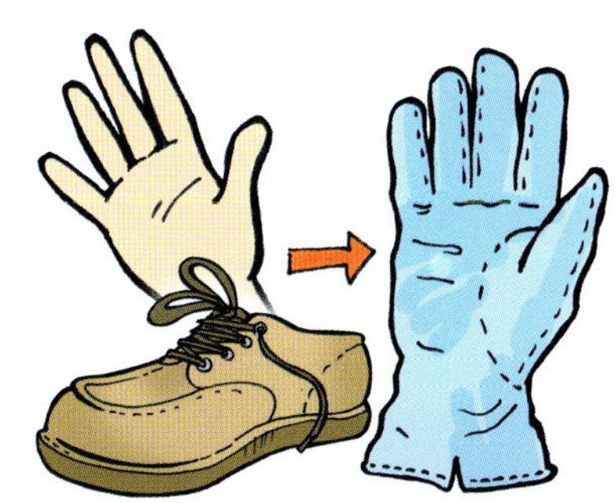

19 Groß- und Kleinschreibung: Artikel und andere Begleiter von Nomen

Signalwirkung der Artikel

- Nomen erkennt man oft an ihren Artikeln:
  - der, die, das, des, dem, den,
  - ein, eine, eines, einem, einen.
- Zwischen Artikel und Nomen stehen manchmal noch Adjektive.
  Der Artikel bezieht sich trotzdem auf das Nomen.
  Die Adjektive werden kleingeschrieben.

Der Reiseführer begleitet uns auf **der** Reise.

Eine Spinne sitzt in **der** Nähe **des** Netzes.

Das Kind hat **ein** Problem.

Der nette **Reiseführer** begleitet uns auf **der** großen **Reise**.

Versteckte Artikel

- In manchen Wörtern haben sich die Artikel versteckt:
  - an + dem – **am**,
  - an + das – **ans**,
  - in + dem – **im**,
  - in + das – **ins**,
  - bei + dem – **beim**,
  - zu + dem – **zum**.
- Auch Verben werden nach diesen Wörtern großgeschrieben.

Ich erledige meine Hausaufgaben erst **am Abend**.
Sie lebten glücklich bis **ans Ende** ihrer Tage.
Ich liege **im Bett** und schlafe.
Ich gehe **ins Wohnzimmer**.
Beim Bäcker riecht es gut.
Zum Bus gehen wir immer gemeinsam.

Ich hoffe, dass ich **beim Schlafen** nicht schnarche.
Einmal in der Woche gehe ich **zum Schwimmen**.

Andere Begleiter von Nomen

- Auch einige andere Wörter weisen auf Nomen hin:
  - meine, deine, seine, unsere, ihre,
  - diese, dieser, dieses, diesem, diesen,
  - keine, wenige, einige.

Meine Mutter hat **keine Zeit**.
Diese Raupe hat schon **einige Blätter** gefressen.
Nur **wenige Kinder** gehen gerne früh schlafen.

20 Groß- und Kleinschreibung: Zeitangaben, zusammengesetzte Adjektive, Anreden

Zeitangaben

- Nomen wie **der Morgen**, **der Abend**, **die Nacht**, **der Montag** werden großgeschrieben.

Der Morgen war heute richtig kalt.
Der Abend im Kino war schön.
Ich konnte heute Nacht gar nicht richtig einschlafen.
Ich gehe jeden Montag zum Handballtraining.

- Zeitangaben wie **morgens**, **abends**, **nachts**, **montags** werden kleingeschrieben.

Diese Wörter hier werden alle mit s am Wortende geschrieben.

Ich trinke morgens immer eine Tasse Tee.
Abends bin ich oft sehr müde.
Meine Katze will nachts meistens raus.
Ich habe montags sechs Stunden.

Zusammengesetzte Adjektive

- Nomen schreibt man groß. Adjektive schreibt man klein. **Zusammengesetzte Adjektive** schreibt man auch klein.

die Hunde + müde = **hundemüde**
Ich bin **hundemüde**.

der Zucker + süß = **zuckersüß**
Die Weintrauben sind **zuckersüß**.

hundemüde

bärenstark

grasgrün, himmelblau, feuerrot, rabenschwarz, schneeweiß, bärenstark, butterweich, eiskalt, federleicht, glasklar, jahrelang, messerscharf, riesengroß, sonnengelb, spiegelglatt, steinhart

Anreden

- In Briefen werden auch Wörter großgeschrieben, in denen man eine Person mit **Sie** anspricht:
Sie, Ihr, Ihre, Ihren, Ihnen.

- Wenn man eine Person mit **du** anspricht, kann man sich aussuchen, ob man diese Wörter groß- oder kleinschreibt:
du, deine, dir, dich, eure, euch,
Du, Deine, Dir, Dich, Eure, Euch.

Sehr geehrter Herr Herken,

vielen Dank für Ihre ...
Wir könnten Ihnen ...

Mit freundlichen Grüßen

Ihr Peter Beeker

Liebe Leona,

vielen Dank für deinen ...
Ich möchte dich ...

Herzliche Grüße

deine Marie

Liebe Anne,

vielen Dank für Deinen ...
Ich möchte Dich ...

Viele Grüße

Dein Jan

21 Satzzeichen: Punkt, Ausrufezeichen, Fragezeichen, Komma bei Aufzählungen

Punkte, Ausrufezeichen, Fragezeichen

- Am Ende eines Satzes steht ein **Satzzeichen**.

- Ein **Punkt** wird benutzt, wenn in einem Satz etwas erzählt wird.

Ich brauche einen neuen Füller.
Wenn Anna traurig ist, wird sie von ihrer Freundin getröstet.
Herr Schmitz musste Sonntagabend plötzlich ins Krankenhaus, weil er eine Blinddarmentzündung hatte.

- Ein **Ausrufezeichen** wird benutzt, wenn jemand etwas ausruft,

He, das gehört mir!
Hallo, hier drüben stehe ich!

wenn jemand etwas besonders nachdrücklich sagt,

Das kann ja wohl nicht wahr sein!
Das glaubst du ja wohl selbst nicht!

oder wenn jemand etwas ausdrücklich befiehlt oder zu etwas auffordert.

Hör sofort auf damit!
Räum dein Zimmer auf!

- Manchmal ist es schwer zu entscheiden, ob ein Punkt oder ein Ausrufezeichen benutzt werden muss. Oft ist beides möglich.

- Am Ende eines Fragesatzes steht ein **Fragezeichen**.

Kommst du mit?
Wie geht es dir?

Komma bei Aufzählungen

- **Aufzählungen** trennt man durch ein Komma.
  Vor „und" und „oder" steht in der Aufzählung kein Komma.

Ich habe heute Deutsch, Mathematik, Englisch und Musik.
Yannik trinkt Saft, Wasser, Limonade oder Milch.

- Aufzählungen können nicht nur aus einzelnen Wörtern, sondern aus **mehreren Wörtern** bestehen.

Heute Abend gehe ich zum Fußballtraining, morgen Vormittag habe ich ein Fußballturnier, morgen Mittag bin ich bei einem Freund aus dem Verein eingeladen und übermorgen habe ich noch ein Turnier.

22 Satzzeichen: Wörtliche Rede, Kommas in Sätzen mit Bindewörtern

Wörtliche Rede

- Wenn die wörtliche Rede mit einem **Begleitsatz** eingeleitet wird, folgt auf den Begleitsatz ein **Doppelpunkt**. Der **Redesatz** steht in **Redezeichen** (Anführungszeichen).

Marie erzählt ihrer Freundin Mira: „Ich freue mich so auf die Ferien."
Julia ruft: „ Hier drüben bin ich!"
Paul fragt besorgt: „Kann ich dir irgendwie helfen?"

- Wenn die wörtliche Rede mit einem Redesatz beginnt, steht der Redesatz in Redezeichen und es folgt ein **Komma**. Am Ende des Begleitsatzes folgt ein **Punkt.** Achtung: Der Punkt am Ende des Redesatzes wird hier weggelassen!

„Ich freue mich schon auf die Ferien", erzählt Marie ihrer Freundin Mira.
„Hier drüben bin ich!", ruft Julia.
„Kann ich dir irgendwie helfen?", fragt Paul besorgt.

- Wenn der Begleitsatz zwischen den Teilen des Redesatzes steht, wird er durch Kommas begrenzt. Beide Teile des Redesatzes stehen in Redezeichen.

„Ich freue mich", erzählt Marie ihrer Freundin Mira, „auf die Ferien."
„Hier drüben", ruft Julia, „bin ich!"
„Kann ich dir", fragt Paul besorgt, „irgendwie helfen?"

Kommas in Sätzen mit Bindewörtern

- Wenn zwei Sätze mit einem **Bindewort** (Konjunktion) verbunden werden, steht zwischen den Teilsätzen ein Komma.

Pia liegt im Bett. Sie ist krank.

– Bindewort **weil**

Weil Pia krank ist, liegt sie im Bett.
Pia liegt im Bett, **weil** sie krank ist.

– Bindewort **wenn**

Wenn Pia krank ist, liegt sie im Bett.
Pia liegt im Bett, **wenn** sie krank ist.

– Bindewort **als**

Als Pia krank war, lag sie im Bett.
Als Pia im Bett lag, war sie krank.

– Bindewort **dass**

Dieses Bindewort wird mit ss geschrieben.

Pia erzählt, **dass** sie krank ist.
Pia hofft, **dass** sie bald wieder gesund wird.
Pia ärgert sich, **dass** sie ausgerechnet heute krank ist.

23 Worttrennung: Regeln, besondere Beispiele

Regeln

▸ Manchmal reicht der Platz am Zeilenende beim Schreiben nicht aus. Dann kann man das Wort trennen.	Manchmal reicht der Platz am Zeilen- ende beim Schreiben nicht aus.
▸ Die meisten Wörter werden nach den **Sprechsilben** getrennt. Die Sprechsilben kann man beim langsamen Sprechen hören.	das Fens-ter, die Hef-te, die Lie-be, der Mo-tor, der On-kel
▸ Bei einer **Konsonantenverdopplung** wird zwischen den Doppelkonsonanten getrennt.	der Af-fe, al-le, schwim-men, die Tan-ne, zer-ren
▸ Diese Buchstabengruppen werden nicht getrennt: **ch**, **ck**, **sch**.	die Dä-cher, la-chen, su-chen, wach-sen die He-cke, kna-cken, me-ckern, die Rö-cke die Fla-sche, hu-schen, lö-schen, zi-schen
▸ Achtung: Vokale dürfen nicht einzeln abgetrennt werden.	aber, nicht: ~~a-ber~~ die Haie, nicht: die ~~Hai-e~~
▸ Bei manchen Wörtern gibt es zwei verschiedene Möglichkeiten, sie zu trennen. ▸ Die Worttrennung kann man in Wörterbüchern nachschlagen.	herauf: he-rauf oder her-auf hinein: hi-nein oder hin-ein

Wör-ter-buch

Besondere Beispiele

▸ Bei manchen Wörtern passieren häufig Fehler bei der Worttrennung.

– Wörter mit dem Wortbaustein **-in** am Wortende:

die Lehrerin: Leh-re-rin

die Fahrerin: Fah-re-rin

– Wörter mit dem Wortbaustein **-ung** am Wortende:

die Entschuldigung: Ent-schul-di-gung
die Erklärung: Er-klä-rung

24 Nachschlagen im Wörterbuch

Nachschlagen im Wörterbuch

So findet man Wörter im Wörterbuch:

- Die **Mehrzahlform eines Nomens** steht bei der Einzahlform.

Mäuse → Maus
Stühle → Stuhl

- Um **zusammengesetzte Wörter** zu finden, muss man meistens an zwei Stellen nachschlagen.

Katzenkorb → Katze und Korb
Fressnapf → fressen und Napf

- Bei manchen **Wörtern mit Vorsilben** muss man an zwei Stellen nachschlagen.

Abfahrt → ab und Fahrt
wegfahren → weg und fahren

- **Verben** stehen manchmal nur in der **Grundform** im Wörterbuch. Die Grundform findet man, wenn man das Verb so umformt, dass es in diese Lücke passt:
  Wir wollen __________.

er ist geflogen → wir wollen __fliegen__ → Grundform: fliegen
ich fuhr → wir wollen __fahren__ → Grundform: fahren
du liest → wir wollen __lesen__ → Grundform: lesen

An zwei verschiedenen Stellen nachschlagen

- Manchmal klingen Buchstaben ähnlich oder gleich.
- Dann muss man im Wörterbuch an zwei verschiedenen Stellen nachschlagen, um ein Wort zu finden.
  - V oder W?
  - V oder F?
  - Pf oder F?
  - e oder ä?
  - eu oder äu?
  - mit oder ohne Dehnungs-h?

Schlage in einem Wörterbuch nach und streiche die falsch geschriebenen Wörter durch.

Heißt es Wurzel oder Vurzel?
Heißt es Vürst oder Fürst?
Heißt es Pfratze oder Fratze?
Heißt es Kese oder Käse?
Heißt es heufig oder häufig?
Heißt es stören oder stöhren?

25 Stichwortverzeichnis